Caracterización de las MIPYMES exportadoras en el Ecuador

Internacionalización de las Mipymes exportadoras

Ing. María Laura Roche A., Mg, PMP

Caracterización de las Mipymes Exportadoras en el Ecuador

RESUMEN EJECUTIVO

Incrementar el desarrollo económico y social, especialmente en países de América Latina y el Caribe es una constante preocupación de los gobiernos de la región, por lo que el impulso y fortalecimiento del sector de las MIPYMES, y sobre todo las exportadoras, se vuelve importante para sostener el crecimiento de las economías y generar riqueza con equidad social en la población.

Ante esta necesidad, la generación de estudios para la caracterización del sector de las MIPYMES exportadoras, se vuelve un instrumento para facilitar la toma de decisiones por parte de las distintas instituciones gubernamentales y de esta manera generar políticas públicas favorables a estos sectores.

Para realizar este estudio impulsado por la CEPAL, se realizaron acercamientos con las Instituciones públicas relacionadas al sector empresarial exportador en el Ecuador, a fin de obtener información oficial sobre el comportamiento de las MIPYMES. De este proceso de articulación se obtuvo como principales bases de datos aquellas proporcionadas por la Superintendencia de Compañías, Servicio Nacional de Aduanas del Ecuador, Servicio de Rentas Internas y la del Instituto de Seguridad Social del Ecuador.

En el 2013, de acuerdo a la información de la Superintendencia de Compañías, se encuentran registradas 60,843 empresas en el país, de las cuales el 65% son MIPYMES. En cuanto al empleo generado por la actividad exportadora en el país, se identificó que un promedio 300,000 plazas son generadas por las empresas exportadoras, de las cuales 40,000 corresponden al segmento de MIPYMES exportadoras.

El comercio exterior es una de las principales actividades económicas de este país. El coeficiente de exportaciones, medido a través de la relación monto exportado /

ventas totales por empresa, alcanza el 34% en el total del universo exportador y el 36% por MIPYME exportadora en el año 2013. Es importante resaltar, que no todas las unidades empresariales se encuentran registradas en la Superintendencia de Compañías (SC). Los datos del universo total de empresas registradas constan en el Servicio de Rentas Internas (SRI), en donde se incluyen las personas naturales que ejercen actividades económicas. En dicha entidad, están registradas 630,000[1] empresas entre personas naturales y jurídicas[2].

En cuanto a los criterios para clasificar a las empresas, existen varias definiciones; el Ecuador se rige de acuerdo a la normativa implantada por la Comunidad Andina de Naciones en su Resolución 1260 expedida en el año 2009, y la legislación interna vigente de la Superintendencia de Compañías y el Ministerio de Industrias y Productividad.Durante el desarrollo del estudio se generaron dos espacios de coordinación interinstitucional entre entidades públicas que disponen de información, estadística y/o bases de datos de las empresas en el Ecuador. Se realizaron talleres de trabajo que fueron liderados por CEPAL en coordinación con el Instituto de Promoción de Exportaciones e Inversiones PRO ECUADOR, principal contraparte del Proyecto en el país. Entre las instituciones participantes estuvieron el Servicio Nacional de Aduanas (SENAE), Servicio de Rentas Internas (SRI), Servicio Ecuatoriano de Seguridad Social (IESS), Corporación Financiera Nacional (CFN), Banco Central del Ecuador (BCE), Ministerio de Industrias y Productividad (MIPRO). Ministerio de Relaciones Exteriores, Comercio e Integración (MRCI) y el Instituto Ecuatoriano de Economía popular y solidaria (IEPS).

Durante los talleres se realizaron propuestas para que las instituciones logren acuerdos interinstitucionales para

---

[1]Personas naturales obligadas a llevar contabilidad y no obligadas a llevar contabilidad, resultados publicados en el Directorio de Empresas y Establecimientos del INEC 2012.
[2]Publicaciones Institucionales del Servicio de Rentas Internas, SRI, 2013

facilitar la ejecución del proyecto, y posteriormente para dar soporte a PRO ECUADOR en la continuidad de la recopilación de información, medición de variables y generación de indicadores sobre las MIPYMES exportadoras.

En el informe que se presenta se incluye un plan de trabajo que establece las acciones necesarias para contar con un sistema continuo de recopilación de información y análisis de las variables trabajadas en el estudio y recomendadas para futuros análisis, para generar la sostenibilidad al proyecto, de esta forma implementar una herramienta de gestión de información del sector exportador dirigido a las mipymes exportadoras para el diseño de políticas públicas de apoyo e impulso a este sector productivo del Ecuador.

GLOSARIO DE TÉRMINOS

MRECI: Ministerio de Relaciones Exteriores, Comercio e Integración

INEC: Instituto Nacional de Estadísticas y Censos del Ecuador

MIPYMES: Micro, Pequeñas y Medianas Empresas

CEPAL: Comisión Económica para América Latina y el Caribe

SENAE: Servicio Nacional de Aduanas del Ecuador

IESS: Instituto Ecuatoriano de Seguridad Social

SC: Superintendencia de Compañías

PRO ECUADOR: Instituto de Promoción de Exportaciones e Inversiones Extranjeras

CRM: Customer Relationship Management (por sus siglas en inglés) Gestión de relacionamiento con el cliente

MAPAG: Ministerio de Agricultura

MIPRO: Ministerio de Industrias y productividad

MIES: Ministerio de Inclusión y Economía Social

RUC: Registro Único de Contribuyentes

RUP: Registro Único de Proveedores

SEPS: Superintendencia de Economía Popular y Solidaria

IEPS: Instituto Ecuatoriano de Economía popular y solidaria

BCE: Banco Central del Ecuador

CFN: Corporación Financiera Nacional

PROECUADOR: Instituto de Promoción de Exportaciones e Inversiones

INTRODUCCION

De acuerdo a los datos oficiales publicados sobre la base del Directorio de Empresas y Establecimientos publicado por INEC[3]en el 2012[4], se desglosa que los establecimientos económicos y empresas[i] alcanzaron las 704,556 unidades, de las cuales, el 99.5% corresponden a las MIPYMES[5] (micro, pequeñas y medianas empresas) y el 0.5% a las grandes empresas.

Según la publicación económica, el 84% de sociedades (146,021) y el 35% de personas naturales (33.809) pertenecen a empresas que tienen ingresos menores o iguales a $100,000 dólares americanos. Por ubicación, las provincias con mayor número de empresas registradas son: Guayas (58,754), Pichincha (27,954), Manabí (9,970), Azuay (8,438) y El Oro (7.567). El directorio registra que a nivel nacional por cada 10,000 habitantes existen 124 empresas. La mayor parte de sociedades y personas naturales tienen hasta 9 empleados.

A su vez existen varios estudios que han analizado los productos exportados por el país y sus principales destinos. El perfil comercial de Ecuador ha cambiado muy poco en los últimos veinte años, manteniéndose los productos primarios de bajo contenido tecnológico como los principales (García y Vásquez, 2011).El destino de las ventas externas se concentra en los mercados de Estados Unidos, Perú, Colombia, Chile, Venezuela, y unos cuantos países de la Unión Europea.

A partir de esta breve contextualización, el presente estudio tiene como objetivo principal investigar y caracterizar a las MIPYMES ecuatorianas que exportan. Conviene resaltar que

---

[3] Instituto Nacional de Estadísticas y Censos del Ecuador INEC

[4] Principales indicadores económicos Directorio de Empresas y Establecimientos del Ecuador 2012. INEC. www.ecuadorencifras.com

[5] Según definición de la Comunidad Andina de Naciones CAN Resolución 1260 Agosto 2009

este análisis forma parte de un estudio más amplio sobre la realidad de las MIPYMES exportadoras para el Ecuador, que precisamente se tiene previsto seguir emprendiendo en los próximos meses.

1. PROYECTO DE CARACTERIZACIÓN DE LA MIPYMES EXPORTADORAS

1.1. SOBRE EL PROYECTO Y SU IMPORTANCIA

La División de Comercio Internacional e Integración de CEPAL está implementando un proyecto enfocado en la internacionalización de las pequeñas y medianas empresas (MIPYMES) en algunos países de Latinoamérica. El objetivo de este proyecto es fortalecer las capacidades de los gobiernos de los cinco países participantes, en el diseño y la implementación de políticas públicas efectivas para promover la internacionalización directa e indirecta de las MIPYMES, con especial énfasis en tres componentes: la medición de la internacionalización de las MIPYMES, la innovación y en el acceso al financiamiento.

1.2. OBJETIVOS

OBJETIVO GENERAL

Contar con una mejor identificación y caracterización de las MIPYMES exportadoras en el Ecuador, que permita a las instituciones públicas generar políticas y estrategias para su impulso.

OBJETIVOS ESPECÍFICOS

• Analizar el impacto de las MIPYMES exportadoras en la generación de empleo en el Ecuador.

• Generar una propuesta de plan de acción que permita identificar a las MIPYMES exportadoras de manera precisa y posibilitar el análisis de su comportamiento de forma anual.

1.3. ESTRUCTURA DEL ESTUDIO

Las definiciones metodológicas utilizadas, en cuanto a los siguientes aspectos: la definición de MIPYME como tal y MIPYME exportadora; las bases de datos utilizadas y los criterios para la construcción de tipologías de MIPYMES exportadoras se encuentran en el primer segmento del informe como marco conceptual para la aplicación de la metodología de investigación.

En la primera parte del informe se expone además la situación de la que se partió para realizar el procesamiento de la base de datos y análisis de indicadores, esto incluye la coordinación realizada con las diferentes instituciones públicas participantes en el proyecto para la proceso de recolección de la información, la metodología utilizada para su procesamiento y la obtención de los resultados con su respectivo análisis para una mejor comprensión de la realidad de las MIPYMES exportadoras en el Ecuador y su importancia tanto para el comercio internacional como para la generación de empleo.

En la segunda parte, se presenta una breve visión de las exportaciones ecuatorianas, con la intención de contextualizar el análisis de las MIPYMES exportadoras. Notoriamente, este tipo de empresas no son aisladas sino que forman parte de toda la estructura empresarial existente en el país.

Luego, en la tercera parte, se ejecuta el análisis de las MIPYMES exportadoras ecuatorianas desde una visión de su estructura y comportamiento exportador, y empleo exportador.

Finalmente se presenta las conclusiones de los resultados del estudio, la propuesta de plan de acción que facilite a las Instituciones públicas en el Ecuador, la medición del comportamiento de las MIPYMES y generación de políticas que promuevan su internacionalización, básica utilizada, y bibliografía utilizada.

2. SITUACIÓN INICIAL

2.1. FUENTES CONSULTADAS: INFORMACIÓN EXISTENTE Y DISPONIBLE

Para medir las exportaciones directas de las empresas en el Ecuador, la fuente principal y oficial es el SENAE. Sin embargo, como en esta fuente de información no se registran los volúmenes de ventas de las empresas ni el número de personas ocupadas en las empresas exportadoras, se requiere de otras bases de datos, las del IESS, SRI y SC.

Para la obtención de estas bases de datos, se coordinó con PROECUADOR, quien lideró la coordinación interinstitucional para la solicitud y recepción de las bases de datos de las instituciones mencionadas, aprovechando que actualmente en su sistema de manejo de usuarios[ii] (CRM) requieren de la actualización constante de información proporcionada por otras instituciones públicas.

A continuación un detalle de la información que fue facilitada por cada una de las instituciones involucradas.

Cuadro No. 1 Variables según fuente de origen de datos			
Institución	**Variables**	**Periodos**	**Observación**
Servicio Nacional de Aduana del Ecuador - SENAE	• Mes y año de exportación • Nombre del distrito • Tipo de ID del Exportador • RUC • Nombre de exportador • Partida arancelaria • Nombre de partida arancelaria • Destino de exportación • Tipo de unidad • Volumen exportado • Valor FOB	2008 – 2013	SENAE registra como exportación todas aquellas salidas de productos, ya sea por menaje de casa, envío de muestras, entre otros. Para este análisis se tomó en cuenta únicamente información de aquellas personas que tenían RUC en la sección "tipo de ID" (el cual contenía cédula, pasaporte, y RUC). Cabe mencionar que en el Ecuador, toda persona natural o jurídica que inicie o realice actividad económica, está obligado a tener RUC. La base del SRI con la cual se

			trabajó, cuenta con el periodo completo del 2013.
Servicio de Rentas Interna - SRI	• RUC • Razón social • Ventas totales • Total activo • Total pasivo	2010 - 2012	El SRI se encuentra en un período de actualización e integración de sus plataformas, por lo que al solicitarles nuevamente la base de datos de otros períodos, no nos pudieron facilitar la información. Cabe mencionar que la base de datos del SRI está incompleta, pues se cuenta únicamente con los registros de 6.194 personas naturales y jurídicas y no todas ellas exportan. A pesar de que no se pudo trabajar sobre estos datos, la información fue

			considerada como material de referencia para el análisis.
Instituto Ecuatoriano de Seguridad Social - IESS	• RUC • Razón social • Número de afiliados activos • Dirección	2012	El IESS únicamente facilitó la base de datos del 2012, la misma que apenas tiene información de 6.209 personas naturales y jurídicas, y no todas ellas exportan, por lo que no se pudo trabajar sobre estos datos. Sin embargo fue considerado como material de referencia para el análisis. Cabe mencionar que el número de empleados fue extraído de la base de datos proporcionada por la SC.
Súper Intendencia de	• RUC • Nombre de Compañía	2008 - 2013	La base de datos de la SC fue una de nuestras bases

Compañías - SUPER CIAS	• Fecha de Constitución • Capital suscrito • Nacionalidad • Provincia • Estado Legal • Dirección y teléfonos • Rama de actividad • Nro. De trabajadores por año • Activo, Pasivos e Ingresos (ventas) por año • Tamaño de empresa por año **(Detalle de Base de Datos Anexo)**		máster. Gran parte de la información consolidada, proviene de la información brindada por esta entidad. Se consolidaron todas las bases de datos anteriormente descritas, sin embargo, se trabajó el documento en Excel con el cruce de información obtenido de la SC y SENAE. La base de datos del SRI fue utilizada para identificar a las personas naturales, y diferenciarlas de las personas jurídicas registradas en la SC. En cuanto al tamaño de las empresas, es importante

			recalcar que fue calculado de acuerdo al rango de ingresos (Resolución 1260 CAN, 2009) que registra la empresa en la plataforma de la SC. Aquellas empresas que no registraban ventas (ya sea porque no declararon a la SC o porque no realizaron ventas), se tomó en cuenta lo declarado en la base de datos de esta entidad.

Fuente: PROECUADOR

Elaboración: Propia

2.2. PRINCIPALES PROBLEMAS Y LIMITACIONES PARA EL PROCESAMIENTO Y ANÁLISIS DE DATOS

A continuación se detallan los principales problemas identificados en la obtención de bases de datos, procesamiento y análisis:

✓ **Obtención de bases de datos:**

- El Ecuador está empezando a incursionar en la era digital. En el caso que una natural o jurídica quiere registrar su empresa (tal es el caso de la SC), lo hacen directamente en los portales de internet de las instituciones gubernamentales. Sin embargo, pese al avance logrado en cada institución, y organismo del sector público; no se ha podido interconexión total para la gestión del conocimiento, la unificación de datos entre otros.
- El SRI está atravesando un período de actualización e integración de su plataforma, por ello la dificultad que tuvo PRO ECUADOR al momento de solicitar su base de datos. Se obtuvo únicamente información de las ventas de 6194 personas naturales y jurídicas desde el año 2010 al 2012; lo cual no permitió tener información completa y real para el análisis realizado.
- Dentro del Sector Público existen distintas instancias para que una persona natural o jurídica pueda registrar su empresa de acuerdo a la naturaleza de su organización interna así como del ejercicio económico que pretende ejercer. Puede registrarse en la SC en el caso de personas jurídicas, y jurídicas o naturalezas también lo pueden realizar en el MIPRO, IEPS, MAGAP; esto dificultó la identificación del número de empresas existentes en el país.
- En el 2013, entró en vigencia la Ley Orgánica de Economía Popular y Solidaria y del Sector Financiero Popular y Solidario en sus Art. 2, 15, 18, 21, por la cual las

asociaciones agrícolas, agropecuarias, de productores, corporaciones, fundaciones, cooperativas de pesca y otras organizaciones de la sociedad civil, que se encuentren registradas administrativamente en el MAGAP, deben modificar sus estatutos y registrarse ante la Superintendencia de Economía Popular y Solidaria (SEPS).

- Por otra parte, las demás organizaciones que no están registradas en la SEPS, deben registrarse a través del portal http://www.sociedadcivil.gob.ec/organizacioncivil/web/report s/general.html , desde el 2014 en el "Registro único de Organizaciones Sociales", controlado por la Secretaría de Gestión Política (Registro Oficial 19 del 20 de Junio 2013) http://www.derechoecuador.com/productos/producto/catalog o/registros-oficiales/2013/junio/code/20952/registro-oficial-no-19---jueves-20-de-junio-de-2013-suplemento#16

- En el Ecuador hasta antes del 2014, las asociaciones de pequeños productores, asociaciones civiles sin fines de lucro, organizaciones, artesanos, fundaciones o corporaciones, según su actividad económica se debían registrar y calificar ante el Ministerio Rector, sea éste el MAGAP, MIPRO, MIES, etc. En el caso del MIPRO está realizando un registro único de MIPYMES y artesanos (RUM y RUA), para lo cual requieren de RUC o RISE.

- Para efectos de registro en cualquiera de las entidades arriba mencionadas y para exportar, es necesario contar con un RUC, por lo que la base de datos del SRI resulta fundamental para todo análisis del sector empresarial en el país.

- Cabe resaltar, que todas las empresas sin diferenciación de naturaleza económica, obligatoriamente deben estar registradas en el SRI, con independencia de su organismo público rector; sin embargo, conseguir la información de la base de datos de la institución fue imposible, dado el proceso de integración de su plataforma. Cabe mencionar que este detalle afectó únicamente a la primera parte del análisis: conocer el número de empresas (Grandes y MIPYMES) que se fueron integrando año a año, pues sólo se contó con la base de datos de la SC.

- El resto de análisis correspondiente a las exportaciones de las empresas, no se vio afectado, puesto que en SENAE se encuentra registrado todo el Universo exportador (personas naturales y jurídicas que hayan exportado).

✓ **Limitaciones para el procesamiento de información**

- Como resultado de la ausencia de este "anillo interinstitucional", al realizar el cruce de información entre lo que registra el SRI, IESS y la SC, no coincidían algunos datos, como por ejemplo: Número de empleados; por lo que se tomó únicamente la información obtenida de la SC.
- El tamaño de la empresa fue calculado de acuerdo al rango de ingresos[6], que registra la empresa en la base de datos de la SC. Sin embargo en la base consolidada para trabajar el estudio no se logro definir la categoría de alrededor de 700 empresas entre los años 2012 y 2013, ya que como se menciono antes no se contaba con la base completa del SRI, para los requerimientos del estudio.
  - o Cabe mencionar que también se realizó la clasificación por rango de ingresos de acuerdo al SRI, y se lo consideró para el documento consolidado. Sin embargo, para este análisis se tomó en cuenta únicamente la clasificación según la SC, puesto que el SRI sólo proporcionó información de 6,194 empresa[7] exportadoras, además de brindar únicamente información desde el 2010 hasta el 2012.

---

[6] Resolución 1260 CAN, 2009
[7] Empresas: personas naturales y personas jurídicas que ejercen actividad económica

3. TALLER INTERINSTITUCIONAL PARA EL ESTUDIO

Como parte de la ejecución de este estudio se generaron dos espacios de coordinación interinstitucional entre entidades públicas que disponen de información, estadística y/o bases de datos de las empresas en el Ecuador. Estos talleres fueron liderados por CEPAL en coordinaron con el Instituto de Promoción de Exportaciones e Inversiones PRO ECUADOR, principal contraparte del Proyecto en el país.

El objetivo de estos talleres, además de la presentación del proyecto y sus avances, fue el consolidar el compromiso de cada una de las Instituciones en su participación en el proyecto a través del intercambio de información y generación de recomendaciones sobre las variables y el sistema utilizado para la caracterización de las empresas exportadoras en el país.

Estos talleres se desarrollaron en la ciudad de Guayaquil,Ecuador el 27 de enero (presentación del proyecto) y 26 de Mayo de 2014 (presentación de avances – primeros resultados; buenas prácticas internacionales en la caracterización de MIPYMES) en las Oficinas de PRO ECUADOR.

Las Instituciones públicas participantes fueron:

- PRO ECUADOR
- Servicio Nacional de Aduanas (SENAE)
- Servicio de Rentas Internas (SRI)
- Servicio ecuatoriano de seguridad social (IESS)
- Corporación Financiera Nacional (CFN)
- Banco Central del Ecuador (BCE)
- Ministerio de Industrias y Productividad (MIPRO)
- Ministerio de Relaciones Exteriores, Comercio e Integración (MRECI)
- Instituto Ecuatoriano de Economía popular y solidaria (IEPS)

Ilustración No.1

Taller institucional realizado en la ciudad de Guayaquil el 26 de mayo de 2014

Fotografía: Pro Ecuador

En el mes de mayo se realizó el segundo Taller Interinstitucional, al cual se incorporaron el Ministerio de Comercio Exterior, Ministerio de Industrias y Productividad y el Instituto de Economía Popular y Solidaria.

Durante el evento se realizaron propuestas para que las instituciones logren acuerdos interinstitucionales para facilitar la ejecución del proyecto, y posteriormente para dar soporte a PROECUADOR en la continuidad de la recopilación de información de las instituciones participantes, medición de variables y generación de indicadores sobre las MIPYMES exportadoras.

Las entidades públicas participantes confirmaron su compromiso de seguir colaborando para la ejecución del proyecto y facilitar el acceso a la información de sus bases de datos. Así mismo, se comprometieron a participar en los próximos talleres que sean convocados por PRO ECUADOR y CEPAL

Durante el taller los delegados de las instituciones manifestaron que no era necesario, en primera instancia, la firma de un convenio interinstitucional para facilitar información de sus bases de datos y demás que se les sea solicitada en relación al proyecto, ya que a través de vías de comunicación como oficios institucionales podían ser resueltas ágilmente.

El Ministerio de Comercio Exterior intervino en el taller presentando un proyecto que se encuentra en desarrollo; se trata de una plataforma de información que se alimentará de fuentes propios y de otras entidades públicas en relación al comercio exterior; para disponer la información consolidada para uso y consumo de los usuarios del gobierno. Se comento que para el proyecto resulta alentador esta oportunidad, puesto que se puede proponer la incorporación al diseño de la plataforma, de las variables e indicadores de análisis de las MIPYMES exportadoras.

4. RESUMEN DE ACTIVIDADES Y PROCESAMIENTOS REALIZADOS

4.1. VARIABLES A ANALIZAR

En la mayoría de los países la información sobre las empresas exportadoras se encuentra en distintos registros que pertenecen a diversos organismos del sector público. El objetivo principal de esta primera fase fue recoger esta información y fusionarla para generar una nueva base de datos inicial que permita analizar el comportamiento de las exportaciones y poder demostrar la importancia de las MIPYMES en la generación de empleo, para generar una línea base sobre éstas.

Las principales variables que fueron posibles de identificar (periodo 2008-2013) fueron:

- Registro Único de Contribuyentes (RUC)
- Nombre de Compañía
- Nombre de exportador
- Razón social
- Localización física: Ciudad, Provincia, Dirección y teléfonos
- Fecha de Constitución
- Capital suscrito
- Nacionalidad de la empresa (nacionalidad del capital)
- Estado Legal
- Rama de actividad
- Número de trabajadores por año
- Activo, Pasivos e Ingresos (ventas) por año
- Categoría de la empresa (mipymes resolución 1260 CAN)
- Mes y año de exportación
- Tipo de identificación del Exportador
- Partida arancelaria
- Nombre de partida arancelaria
- Destino de exportación
- Valor FOB exportado

A partir de estas variables se logró realizar un cruce y consolidación de bases de datos a una matriz consolidada (cubo de datos), con el cual se realizaron los procesamientos necesarios para establecer los indicadores determinados para el estudio.

4.2. DEFINICIONES PARA LA CARACTERIZACIÓN DE LAS EMPRESAS

En cuanto a los criterios para clasificar a las empresas, existen varias definiciones; el Ecuador se rige de acuerdo a la normativa implantada por la Comunidad Andina de Naciones en su Resolución 1260 expedida en el año 2009, y la legislación interna vigente de la Superintendencia de Compañías y el Ministerio de Industrias y Productividad.

Cuadro No.2 Criterios establecidos para la definición de MIPYMES en el Ecuador[8]

VARIABLES	Microempresa	Pequeña Empresa	Mediana Empresa	Grande Empresa
Personal Ocupado	1 a 9	10 a 49	50 a 199	Mayor a 200
Valor Bruto de las Ventas Anuales	Menor que USD$100,000	USD$100,000- USD$1,000,000	USD$1,000,001 – USD$5,000,000	Mayor a USD$5,000,000
Monto de activos	Hasta USD$100,000	USD$100,001 – USD$750,000	USD$750,001 – USD$3,999,999	Mayor a USD$4,000,000

Fuente: Boletín de la Superintendencia de Compañías Ecuador

Elaboración: Propia

Para efectos de este análisis, se consideró como variable principal el volumen de ventas, dado que es un indicador más directo y representativo.

---

[8] Resolución 1260 de la Comunidad Andina de Naciones expedida en el año 2009

4.3. METODOLOGÍA PARA LA CONSTRUCCIÓN DE LA BASE DE DATOS

Se planteó una metodología descriptiva de investigación que considera el universo las MIPYMES (personas naturales y jurídicas) ubicadas en territorio ecuatoriano, registradas como tales en la SC y en el SENAE.

También se incluyó desarrollo investigativo de campo que recolectó fuentes secundarias de las distintas instituciones públicas del Ecuador y mediante una mesa de diálogo y de trabajo con éstas, lo cual se pudo fusionar con los datos para convertirlos en información relevante complementario para el análisis final.

La obtención de la información sobre las MIPYMES, fue directamente extraída de las fuentes originales, esto es SC, SENAE, IESS y SRI. Dada las características del estudio, en cuanto al tamaño de la Data a integrar y procesamiento a realizar, se utilizó la herramienta de ETL[9], Microsoft SQL Server Integration Services (SSIS)[iii]. Esta plataforma permitió utilizar la cantidad de datos obtenidos con rapidez y efectividad para poder trabajar una base de datos consolidada[10].

Para la segmentación de la información, se consideró dentro del universo exportador tanto a las personas naturales y jurídicas como MIPYMES; esto se debe a que en el Ecuador una persona natural puede exportar. De la base de datos de la SENAE se

---

[9]ETL son las siglas en inglés de Extraer, Transformar y Cargar. Es el proceso que permite a las organizaciones, mover datos desde múltiples fuentes, reformatearlos y limpiarlos, para luego cargarlos en otra basa de datos o Data Warehouse para analizar, o en otro sistema operacional para apoyar un proceso de negocio.

[10] Las bases fuentes y la base consolidada son anexas al estudio en formato 6 hojas de cálculo Office Excel. Tamaño 200 megas de información.

excluyó aquellas personas que no registraban RUC, principal
requisito para exportar.[11]

Cuadro No.3 Empresas Exportadoras Registradas en
el periodo 2008-2013

Año	Número de empresas que exportaron el año indicado (1)	Numero total de Mipymes exportadoras que exportaron el año indicado (2)	Numero total de Personas naturales exportadoras que exportaron en el año indicado(3)	Numero Total de Exportadores (Natural y jurídica) (4)
2008	2129	1363	1161	3290
2009	2451	1720	1190	3641
2010	2534	1756	1181	3715
2011	2682	1803	1192	3874
2012	2698	1720	1136	3834
2013	2546	1089	968	3514

1   Fuente: Base de datos del SENAE, Personas
jurídicas que exportaron en el año indicado
2   Fuente: Base de datos de SENAE - mipymes
que exportaron ese año específico - definición de
mipymes según SC de acuerdo a la resolución 1260
de la CAN de 2009
3   Fuente: Base de datos del SENAE - Persona
natural que exportaron ese año específico

---

[11] En la base de datos de al SENAE, las personas que registraban
envíos al exterior,   correspondían a envío de encomiendas, menaje de
casa, etc.

4   **Fuente: Base de datos del SENAE - empresas que exportaron ese año específico. Se identificó el tipo de persona (natural y jurídica) de las bases de datos de la base de datos de la SC y SRI, ya transformada en la Base Consolidada Elaboración: Propia**

Algunos problemas de inconsistencias en la información se originan porque las empresas pueden registrarse en distintas instituciones, y estas a su vez no unifican sus registros; la única institución en el país que mantiene registrados todas las transacciones de una empresa, es el SRI, pero de esta fuente tuvimos limitantes para la obtención de toda la información requerida.

En el caso de la base del SENAE el criterio que predomina es el valor FOB de exportación, en la SC se encuentra el año de creación, monto de ventas anuales, empleos, categoría (grande, mipymes), entre otros; SRI las ventas es el dato más valioso, además que es la entidad que tiene el registro económico histórico de las empresas; con respecto a la base del IESS, necesaria para extraer el número de empleados de las empresas, se logró obtener la información solamente del año 2013, por lo que se decidió descarta el uso de esta fuente.

Para proceder a la extracción la información de las fuentes orígenes, unificarla, y cargarla en la Base de Datos Consolidada, se utilizo como claves Registro Único de Contribuyentes (RUC) y la razón social de la empresa. El periodo de carga se realizo desde el año 2008 al 2013.

Una vez que se realizo la transformación de datos y se obtuvo la base consolidada, se pudo comenzar con la determinación de indicadores requeridos por el estudio aplicando sus propias metodologías.

Grafico No.1 Base de Datos Primarias de Empresas Exportadoras para la consolidación de la Base Unica de Empresas Exportadoras periodo 2008-2013

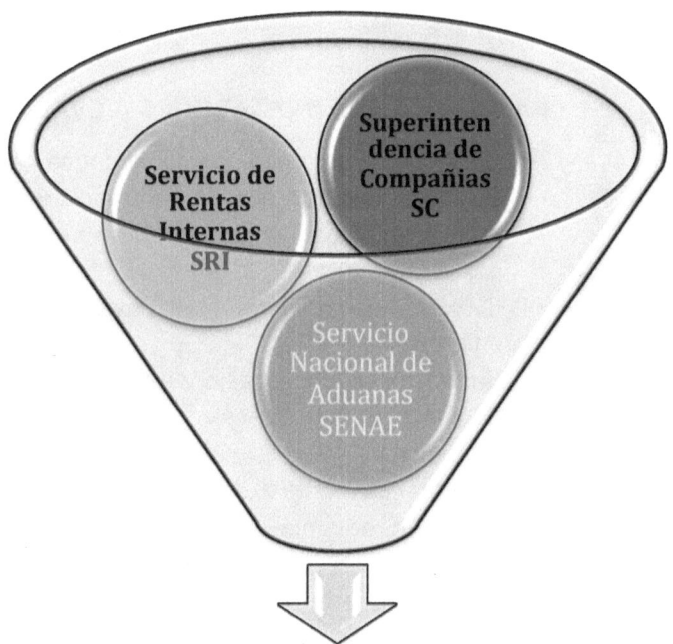

Empresas Exportadoras

Elaboración: Propia

5. RESULTADOS DEL ESTUDIO

En esta sección se presentan los resultados del estudio, conforme los indicadores y variables requeridas.

5.1. VARIABLES E INDICADORES A EVALUAR

- Clasificación de empresas por su forma institucional.
- Evolución anual de número de empresas en el Ecuador
- Evaluación anual del número de empresas exportadoras por tamaño
- Evolución del monto promedio exportado por tamaño de empresa
- Empresas exportadoras por nacionalidad del capital
- Evolución GINI empresas
- Percentil 99
- Volumen promedio exportador
- MIPYMES entrantes y salientes
- Empleo generado de universo exportador
- Participación en la generación de empleo
- Principales destinos de exportación

5.2. TOTAL EMPRESAS EN EL PAÍS

El Censo Económico Nacional 2010 realizado por el INEC, clasificó a las unidades económicas del Ecuador en 7 categorías de acuerdo a su formato institucional; sociedades con fines de lucro, sociedades sin fines de lucro, persona natural obligada a llevar contabilidad, persona natural no obligada a llevar contabilidad, institución pública, economía popular y solidaria, y empresa pública. En el Directorio de empresas y establecimientos publicada por el INEC en el año

2012 las categorías mencionadas suman un total de 704,556[12] empresas.

Grafico No. 2 Clasificación de empresas por su forma institucional en el Ecuador

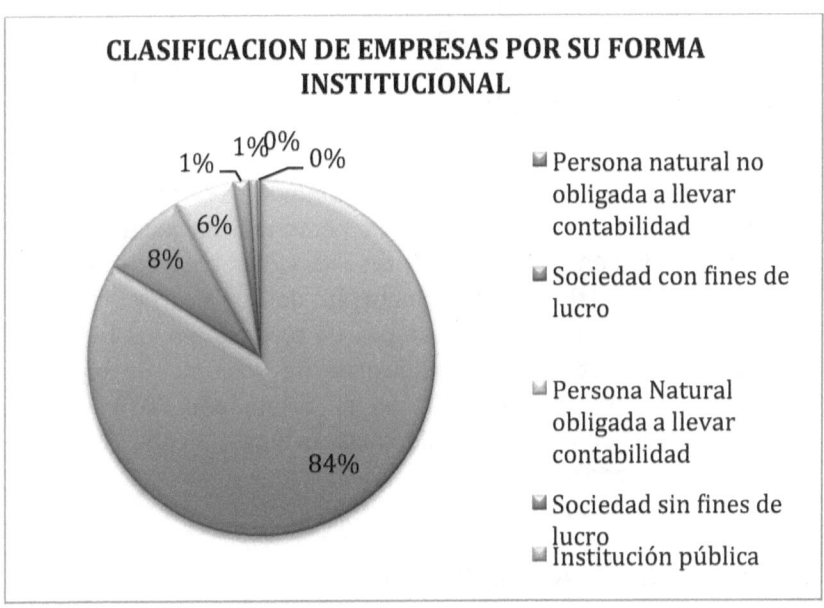

CLASIFICACION DE EMPRESAS POR SU FORMA INSTITUCIONAL

- Persona natural no obligada a llevar contabilidad
- Sociedad con fines de lucro
- Persona Natural obligada a llevar contabilidad
- Sociedad sin fines de lucro
- Institución pública

Fuente: Directorio de Empresas y Establecimientos del Ecuador, INEC 2012

Elaboración: Propia

Para cumplir con los objetivos planteados en el estudio, se han considerado a las unidades económicas de las categorías:

a. Sociedades con fines de lucro (personas jurídicas)

---

[12] Directorio de Empresas y Establecimientos del Ecuador Año 2012. INEC. www.ecuadorencifras.com

b. Personas naturales obligadas a llevar contabilidad (personas naturales)

c. Personas naturales no obligadas a llevar contabilidad (personas naturales)

Se estableció el uso de estas tres categorías, ya que las empresas se encuentran registradas en las bases de datos recolectadas como fuentes de la investigación, y a su vez cumplen con los parámetros establecidos de caracterización para el estudio de MIPYMES exportadoras.

De acuerdo al INEC[13], al año 2012 el número de sociedades con fines de lucro registradas en Ecuador, era de un total de 57,146 empresas, y el total de personas obligadas a llevar contabilidad era de 40,028; representando en cada caso el 8.1% y el 5.7% del total de empresas del país. Con fines de comparación visual y manual, cito un ejemplo: en las bases de datos facilitadas por la instituciones de gobierno, se registran 53,994 empresas en la SC en el mismo año 2012, lo cual muestra un porcentaje de diferencia de más o menos 5% que la cifra publicada por el INEC.

TAMAÑO DE LAS EMPRESAS

La base de datos de la SC registra 14,442 empresas en el año 2000 alcanzando la cifra de 60,843 en el año 2013. Cuando se procede a la desagregación de los componentes del registro de empresas de la base de datos de la SC, considerada como el universo de empresas con fines de lucro, se identifica a las unidades económicas conforme a las definiciones establecidas en la normativa legal para clasificación de las empresas que rige en el Ecuador.

---

[13] Ídem

Cuadro No.4 Empresas registradas en la SC durante el periodo 2000-2013

Años	Número total de empresas	Número Total de MIPYMES
2000	14442	12102
2001	16171	13616
2002	18051	15257
2003	20023	16979
2004	22108	18806
2005	24502	20898
2006	27239	23275
2007	30302	25912
2008	33930	28749
2009	37739	35731
2010	42403	40271
2011	47624	44671
2012	53994	45854
2013	60843	39447

Fuente: Superintendencia de Compañías SC

Elaboración: Propia

El Ecuador ha experimentado un tendencia lineal creciente de un 11% promedio durante el período 2000 al 2013 en el registro de empresas. La categoría de las mipymes – sector que compete al estudio- presenta tendencias parecidas con un 13% de crecimiento durante el periodo, dentro del rango de la población total de empresas, sin embargo entre los años 2010 al 2013 tuvo decrecimientos notorios que alcanzaron el 40%.

La línea de tendencia que se traza en el siguiente gráfico de evolución del registro de empresas en la SC del Ecuador, denota su crecimiento sostenido; se puede apreciar en la gráfica los primeros indicios de esa inestabilidad de los años precedentes (2010 al 2013), ya que la tendencia se muestra a mantenerse sin cambios.

Gráfico No.3 Evolución de las Empresas registradas en el Ecuador durante el periodo 2008-2013

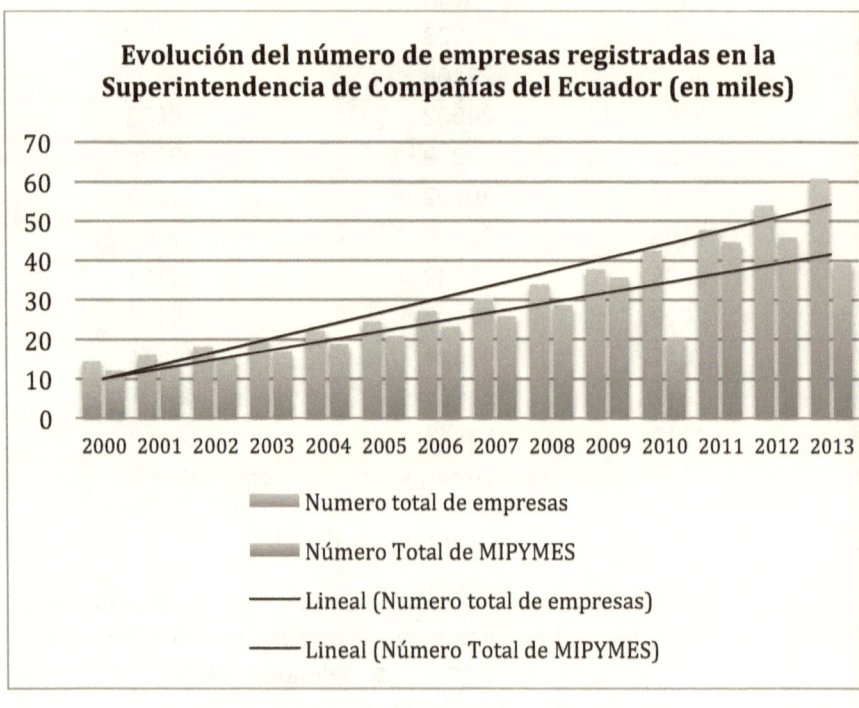

Elaboración Propia

En este periodo se da un suceso, el universo total de empresas (total de las 60,000 que termina la SC registrando al final del 2013), se incrementa con respecto al año anterior, y se mantiene la tendencia de la década del crecimiento sostenido. Pero al desglosar el análisis, nos encontramos que durante el mismo periodo previo a este – 2012-, las mipymes venían creciendo al 11% anual al igual que la totalidad de las empresas registradas en la SC, hasta que el 2011 tuvieron un crecimiento del doble del promedio, y entre 2012 y 2013, tienen una caída brusca importante de tasas negativas, pero a su vez la totalidad del crecimiento de empresas sube en dos puntos del 11% al 13%. Esto abre muchas hipótesis.

En el estudio se buscó identificar si existía una variación en exportaciones significativas que habrían afectado el resultado, que por tanto hizo que este grupo de empresas mipymes se desplazara de la categoría de hasta 5MUSD$ de exportación hacia más de 5MMUSD$ y se convierta en Gran Empresa, aunque el cambiar a otra categoría del sistema también se debe revisar las variables de número de empleados y capital suscrito, aunque esta última condicionante es circunstancial en el Ecuador, porque aquí el empresario no tiene mucha tendencia a subir el capital, a no ser que sea empresa abierta a cotizar en bolsa de valores. Otra lectura que se suponía era la desaparición de una parte de las empresas, otra parte se desplazó, o la otra opción se crearon nuevas empresas y clasificadas inmediatamente de grandes unidades económicas.

Se buscó entender en valores relevantes absolutos, ya que en la interpretación causaba una incógnita problemática para concluir sobre la situación del sector, y surgía una pregunta ¿será que se han dado condiciones favorables para que el sistema permita el desplazamiento entre las categorías hacia arriba, o estamos desapareciendo empresas?. La búsqueda arrojo los siguientes datos:

De hecho hay movilidad dentro de las categorías que componen el sistema empresarial, de un promedio de 60000 empresas, un 65% se mantienen en la misma categoría, el 25% se queda dentro del sistema en constante movilidad, desplazándose entre clasificaciones por tamaño, con la tendencia a la categoría de la mediana empresa seguida de la pequeña empresa; y por último nos queda un crecimiento promedio anual del 10% de empresas nuevas para el país.

Cuadro No. 5 Clasificación de la Movilidad al año posterior durante el periodo 2008-2012

Clasificación	Empresas Promedio	%
Grande	27058	26%
Microempresa	15767	15%
Pequeña	28845	28%
Mediana	32667	31%
Total	104337	100%

Elaboración: Propia

Gráfico No. 5 Empresas en desplazamiento dentro del sector exportador 2008-2013

Elaboración: Propia

5.3. TOTAL EMPRESAS EXPORTADORAS POR TAMAÑO Y MONTO PROMEDIO EXPORTADO

El universo exportador registrado al 2013 es de 3515 empresas; durante el periodo analizado 2008 al 2013, en el cual se trabajó la información para cumplir con los objetivos planteados en el estudio; se clasificó a las empresas por su tamaño conforme a la definición establecida en la normativa del Ecuador – Grandes y Mipymes-, y se procedió a procesar cronológicamente los montos exportados de cada clasificación; en el siguiente cuadro se puede apreciar un apartado sobre los montos FOB USD$ promedio exportados durante el periodo de análisis de cada categoría de empresas.

Gráfico No.6 Grandes y Mipymes - Monto promedio Exportado FOB (US$D) periodo 2008-2013

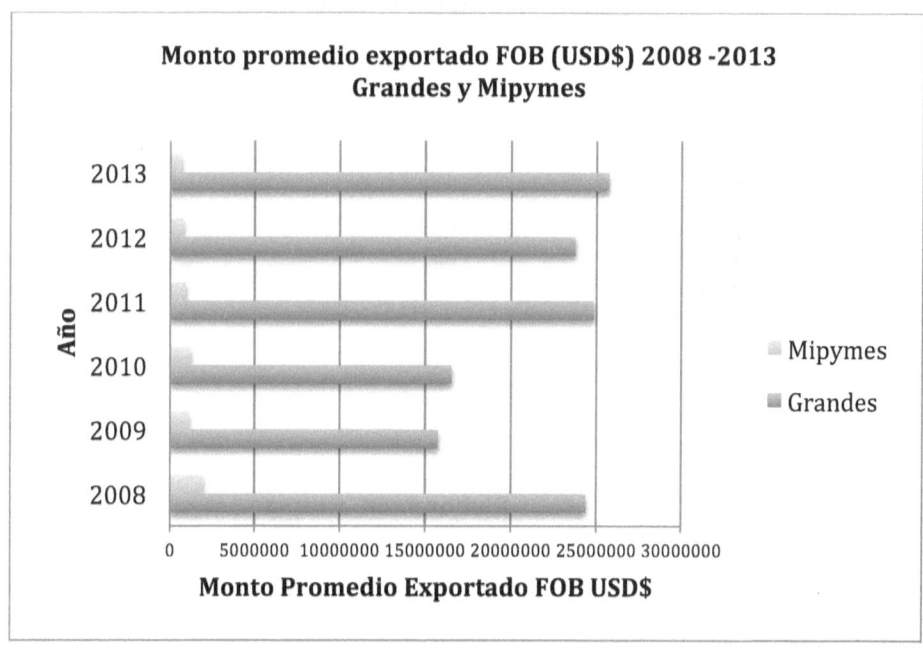

Elaboración: Propia

5.4. EMPRESAS EXPORTADORAS POR NACIONALIDAD DEL CAPITAL

En el país alrededor de 1% de capitales que representan la nacionalidad de una empresa exportadora son extranjeros, esto se lo puede verificar en la base de datos de la SC. En el top de los países de origen del capital se encuentran liderando la lista, Estados Unidos y Panamás con una participación del 80% en el mercado de exportadores extranjeros, frente al 20% de empresas de Brasil, Perú y China.

Gráfico No.7 Principales Nacionalidades de las Empresas Exportadoras del Ecuador periodo 2008-2013

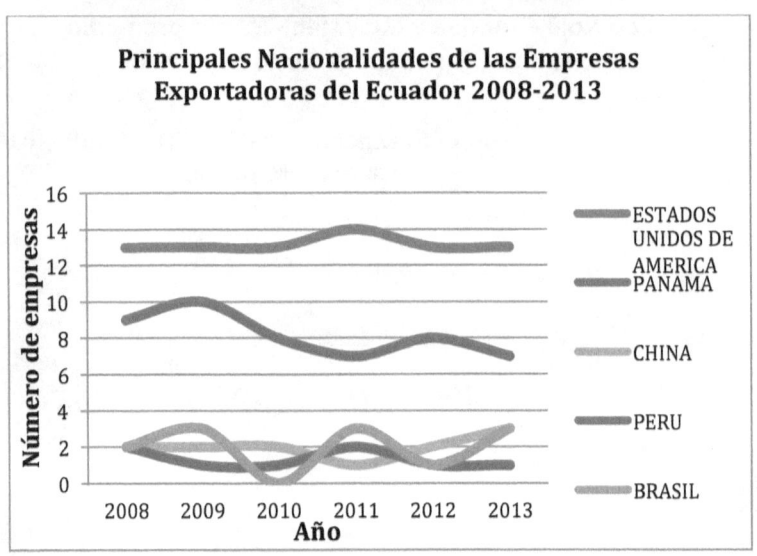

Elaboración: Propia

5.5. EVOLUCION EN LOS INDICADORES DE CONCENTRACIÓN

GINI EXPORTADORAS

El nivel de concentración en las exportaciones en el Ecuador se presenta con una tendencia creciente, con un GINI cercano a 1 para el 2013. Lo que se podría explicar, entre otras cosas, al peso que representan las exportaciones petroleras en el país.

Gráfico No.8 Evolución del Indicador Gini en las Empresas Exportadoras

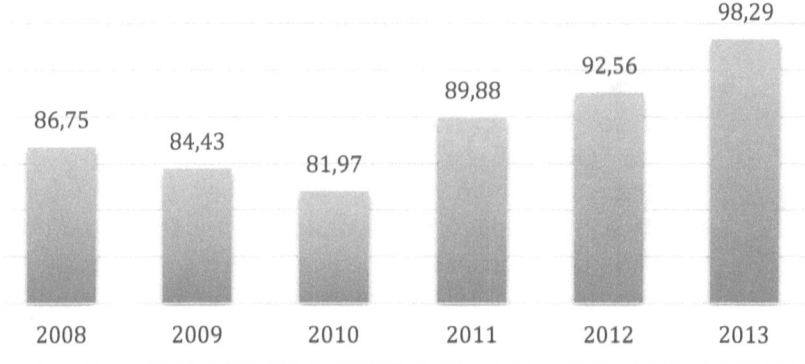

Evolución GINI Exportadoras Ecuador 2008-2013

Elaboración: Propia

La interpretación del indicador de concentración para el periodo analizado pone en evidencia el monto FOB USD$ que representan las exportaciones petroleras para el Ecuador; por ejemplo, en el año 2008 el 99% de las empresas del universo exportador exportaron un valor equivalente al 0.78% de los valores FOB totales exportados de ese año, es decir que una sola empresa exporta 8,652 millones de dólares, en este caso lo hizo la empresa estatal de petróleos PETROECUADOR.

En los siguientes años PETROECUADOR como Empresa Pública de Hidrocarburos, mantiene el liderazgo como la empresa que concentra el monto máximo de valor FOB exportado, ya que sus montos van desde los 5,000 millones de dólares americanos en el 2009 hasta los 11,400 millones de dólares americanos en el 2013. Durante estos mismos años, la segunda empresa con la cual se cierra la concentración también pertenece al Estado, es la Secretaria de Hidrocarburos que exporta un promedio anual de 2,000 millones de dólares americanos.

PERCENTIL 99

Para la estimación del percentil 99 del total de las empresas exportadoras del Ecuador durante el periodo analizado, se procedió a reorganizar de menor a mayor los valores FOB de las exportaciones generadas por periodo y a cuantificar el número de exportadores de cada año; una vez identificado el número de exportadores por año se procedió a identificar al 1% de los exportadores más grande por valor FOB (los últimos de la lista reorganizada), sumar su volumen de ventas y estos valores, se procedieron a dividir con el total de ventas FOB año a año generadas por el Ecuador; de esta manera se logra identificar el volumen de exportaciones que generan el 1% de las empresas más grandes o que están en el percentil 99 de los exportadores de acuerdo a su volumen de ventas.

Gráfico No.9 Evolución del Indicador Percentil 99 en las Empresas Exportadoras

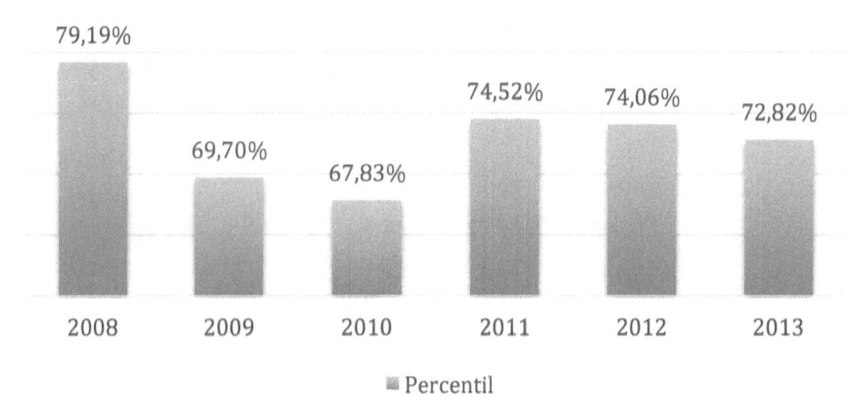

Percentil 99 Empresas Exportadoras Ecuador
2008-2013

Elaboración: Propia

Se aprecia con claridad de que el Ecuador durante todos sus periodos, con excepción de un par (2009-2010), concentra más de 70% de sus exportaciones en apenas el 1% de las empresas que exportan; cabe destacar que uno de los principales participes de esta gran generación de volumen exportables, es responsabilidad de la empresa estatal de petróleos, Petroecuador, ratificando la posición actual dependiente por la producción de insumo primario como el petróleo, y el principal generador de divisas para la economía en los actuales momentos.,

5.6 INDICADORES DE ROTACIÓN Y MARGEN

EMPRESAS ENTRANTES Y SALIENTES

Existe un promedio del 33.4% de MIPYMES entrantes (2008-2012), considerando una permanencia de al menos 3 años en la actividad exportadora. Mientras que porcentaje promedio de MIPYMES salientes (2009-2013) es del 14%.

Gráfico No.10 Indicador de MiPymes Exportadoras Entrantes y Salientes en el año indicado periodo 2008-2013

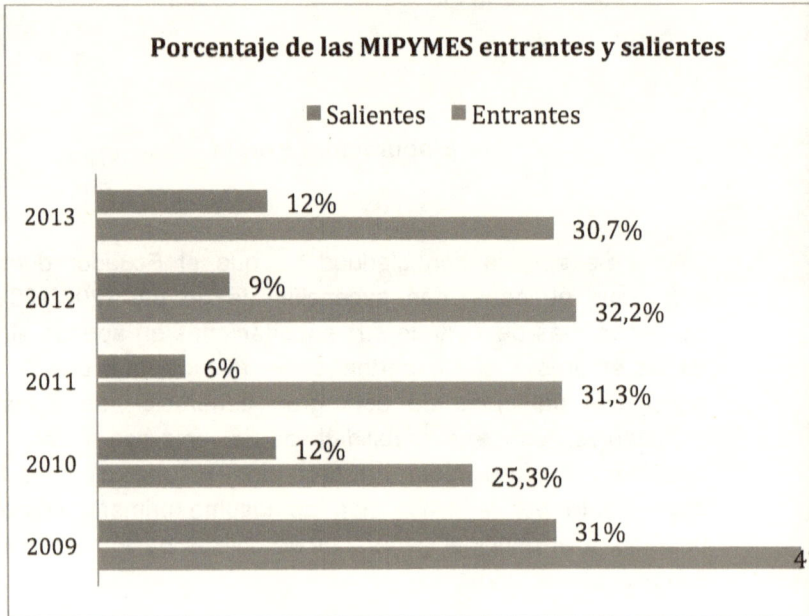

Elaboración: Propia

MARGEN

Para calcular el margen intensivo y extensivo consideramos al menos dos años y máximo tres de constancia en la actividad exportadora. Los resultados nos muestran que el 71,10% de las MIPYMES exportadoras permanecen en el tiempo (margen intensivo) y un 21.69% de exportaciones de MIPYMES que entraron (margen extensivo).

Cuadro No.6 Margen Intensivo y Margen Extensivo de Exportaciones FOB Mipymes

Año	Valor FOB exportado MIPYMES	Valor FOB intensivo MIPYMES*	Índice intensivo	Valor FOB exportado MIPYMES	Valor FOB extensivo MIPYMES	Índice extensivo
2008	$ 3.523.751.019			$ 3.523.751.019		
2009	$ 2.523.488.349	$ 2.170.539.805	86,01%	$ 2.523.488.349,	$ 352.948.543	13,99%
2010	$ 3.010.713.459	$ 2.015.129.443	66,93%	$ 3.010.713.459	$ 349.975.452	11,62%
2011	$ 2.289.024.867	$ 1.528.717.738	66,78%	$ 2.289.024.867	$ 437.367.627	19,11%
2012	$ 1.814.307.546	$ 1.130.100.536	62,29%	$ 1.814.307.546	$ 393.594.111	21,69%
2013	$ 1.153.560.194	$ 820.207.393	71,10%	$ 1.153.560.194	$ 187.651.181	16,27%

*Exportaciones constantes en períodos seguidos

Elaboración: Propia

5.7 EVOLUCIÓN EXPORTADORA: NÚMERO DE EMPRESAS, FOB, SECTORES Y DESTINOS (UNIVERSO EXPORTADOR Y MIPYMES)

El volumen de exportaciones totales durante el periodo analizado (2008-2013), muestra un crecimiento sostenido durante los últimos 5 periodos, pasando de 13 MM a 23 MM; la realidad del sector Mipymes ha sido lo opuesto al global de las exportaciones, denotando una caída sostenida en mismo periodo, con excepción de 2010 donde hubo un leve repunte, pasando de las 2,5 MM durante el 2008, a los 1.1 MM en el 2013.

Gráfico No.11 Monto total de Exportaciones FOB (millones USD$) periodo 2008-2013

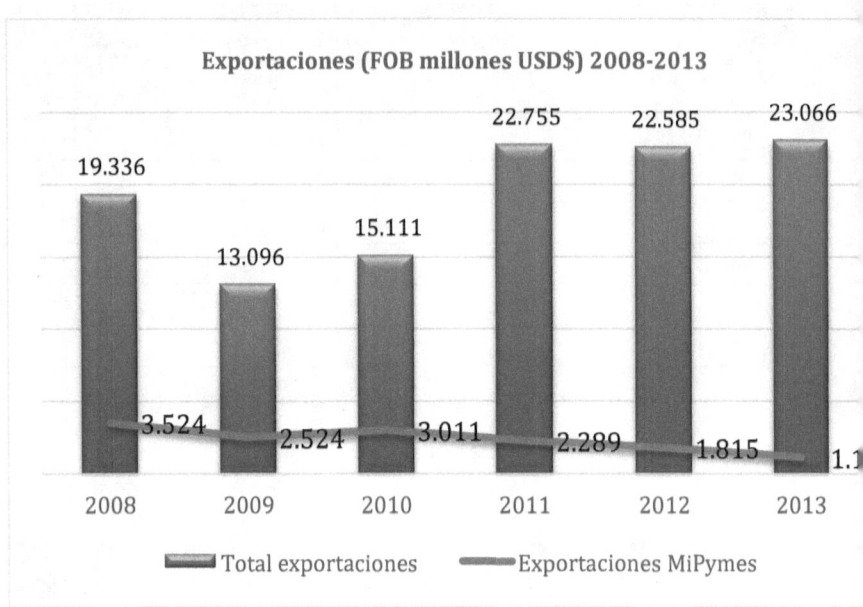

Elaboración: propia

Del monto FOB USD$ exportado en el período 2008-2013, el 87% corresponden a exportaciones de grandes empresas, mientras que el 13% es de Mipymes.

Cuadro No.7 Participación de la Empresas según su Tamaño en las Exportaciones FOB del período 2008-2013

Clasificación de empresas	Monto FOB Exportado USD$	Participación
Total exportado Grandes Empresas	$101.100.857.737,18	87%
Total exportado Mipymes	$14.811.499.188,97	13%
Total del periodo	$115.912.356.926,15	100%

Elaboración: Propia

Los principales sectores exportadores de Mipymes han sido el de textiles, cuero y calzado y metalmecánica con un 26% y 21% respectivamente, seguido de cerca por las artesanías y flores con un símil del 16% de participación en su volumen de exportaciones generado; banano y plátano, plástico y sus manufacturas y madera y muebles, representan en su conjunto el 21% de las exportaciones.

Gráfico No.12 Principales sectores de las Mipymes exportadoras

Principales sectores a los que pertenecen las MiPymes Exportadoras

Textiles, cuero y calzado 26%

Artesanías 16%

Banano y plátano 6%

Plástico y sus manufacturas 8%

Flores 16%

Metalmecánica 21%

Madera y muebles 7%

Elaboración: Propia

En términos del tamaño de las empresas y el destino de sus exportaciones generado durante el periodo analizado, el principal destino de estas, es Estados Unidos, donde destaca una considerable concentración de Mipymes hacia este destino, seguido por España, Chile, Rusia, Italia, Holanda, Alemania, Perú y Colombia; los 5 primeros destinos su alta concentración en parte son por la elevada concentración de migrantes ecuatorianos, los cuales hacen destinos propicios a productos de consumo que añoran estas personas; el resto de destinos se aprecian países con un poder adquisitivo alto, como los pertenecientes a los países de la Unión Europea y Asiáticos, y un par de países vecinos que por situación grafica los convierte en destinos propicios para el comercio.

Gráfico No.13 Principales destinos de exportación por tamaño de empresa en el Ecuador 2008-2013

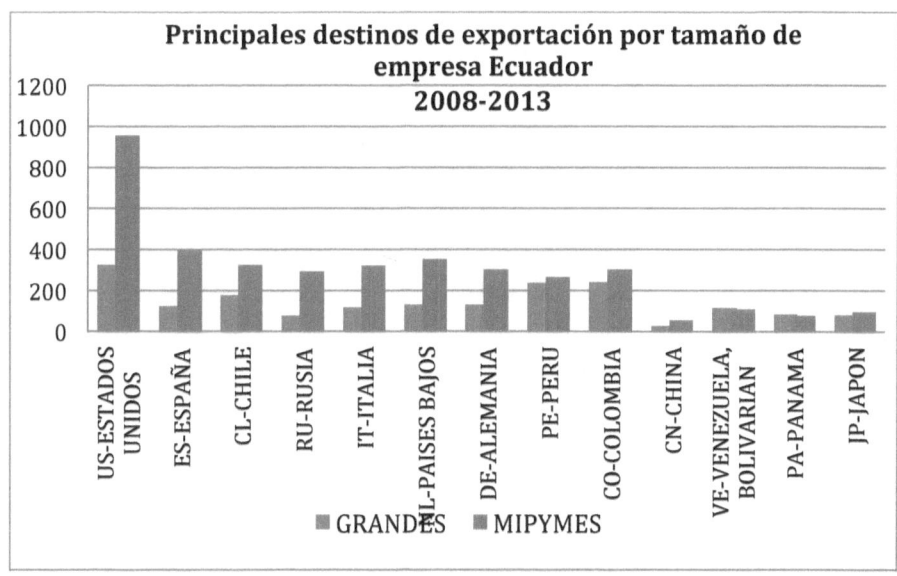

Principales destinos de exportación por tamaño de empresa Ecuador 2008-2013

Leyenda: ■ GRANDES ■ MIPYMES

Categorías del eje X: US-ESTADOS UNIDOS, ES-ESPAÑA, CL-CHILE, RU-RUSIA, IT-ITALIA, NL-PAISES BAJOS, DE-ALEMANIA, PE-PERU, CO-COLOMBIA, CN-CHINA, VE-VENEZUELA, BOLIVARIAN, PA-PANAMA, JP-JAPON

Elaboración: Propia

EMPLEO EXPORTADOR

La tasa de ocupación del Ecuador durante el periodo 2008 al 2013 es de un 38% promedio y ha mantenido una tendencia creciente del 5% aproximadamente, excepto en el año 2010 que el empleo total se incrementó en un 16%.

El total de empleos en el país durante el período ha llegado a una cifra de 3 millones de personas ocupadas a diciembre de 2013[14], de las cuales el sector exportador ha aportado a lo largo del período estudiado un promedio del 10% de plazas de trabajo. Para el caso de las mipymes exportadoras que se encuentran dentro del total de empresas exportadoras, aportan con un 2% de empleos al país, lo que equivale a 40.000 plazas de trabajo.

---

[14] Encuesta Nacional de Empleo, Desempleo y Subempleo ENEMDUD, la cual está disponible para consultas en línea en el sitio web del Instituto Nacional de Estadísticas y Censos INEC www.ecuadorencifras.com

Gráfico No.14 Ocupación Total versus Ocupación Empresas Exportadoras 2008-2013

Gráfico comparativo entre la Ocupación Total en el Ecuador y el empleo generado por las empresas Exportadoras

■ Total empleos

■ Total de empleos en las empresas exportadoras (4)

Elaboración: Propia

La tasa de crecimiento al interior del sector exportador ha sido del 16%, tres veces más que la tasa de crecimiento promedio del total de ocupación en el Ecuador; sin embargo, en el impacto total son 300 mil personas son las que finalmente laboran en la exportación.

Gráfico No.15 Empleo Generado por Empresas Exportadoras Mipymes y Grandes 2008-2013

Empleo generado - exportadores

■ MIPYMES   ■ GRANDES

	2008	2009	2010	2011	2012	2013
	85%	82%	84%	83%	86%	87%
	15%	18%	16%	17%	14%	13%

Elaboración: Propia

COEFICIENTE EXPORTADOR

La comparativa de los coeficientes de exportación por sector (Grandes empresas y Mipymes), denota una realidad interesante, en que se denota una leve diferencia entre ambos sectores, con una participación más pronunciada por parte de las Mipymes en los dos últimos periodos analizados (2012-2013), lo cual podría destacar un mejor dinamismo por parte de este grupo de empresas.

Cuadro No.7 Evolución del Coeficiente exportador por tamaño de empresas 2008-2013

Año	Promedio coeficiente exportador por empresas (2.1)	Promedio coeficiente exportador por pyme exportadora (2.2)
2008	0,23	0,17
2009	0,25	0,19
2010	0,37	0,32
2011	0,39	0,34
2012	0,29	0,31
2013	0,34	0,36

2.1 **Monto exportado (personas jurídicas) / Ventas totales (personas jurídicas)**

2.2 **Monto exportado (MIPYME) /venta totales (MIPYME)**

Elaboración: Propia

6. PLAN DE ACCIÓN

6.1. ANTECEDENTES

El peso que tienen las MIPYMES dentro del sector externo del país y sus características (patrón de comercio), no son variables que actualmente se estén midiendo de forma efectiva en las diferentes instituciones públicas que utilizan información relacionada al sector empresarial.

Si bien existen algunos estudios y datos procesados sobre las MIPYMES en el Ecuador, la metodología para su medición no está definida, por lo que surge la necesidad de estandarizar las variables que permitan el análisis de su comportamiento en series de tiempo.

A partir de la experiencia dada por la ejecución de este primer componente, se identificaron posibles acciones a realizar por las entidades públicas involucradas a fin de lograr una rápida y económica recopilación de información y caracterización de las MIPYMES y su actividad exportadora.

La propuesta de plan de acción recoge las iniciativas discutidas en los talleres con las entidades participantes del proyecto en este primer componente; así como recomendaciones técnicas para que sean implementadas en el corto, mediano y largo plazo. Inicialmente se propone un plan de acción detallado para el periodo Septiembre 2014 - Diciembre 2015 y acciones generales de seguimiento y sostenibilidad.

Esta propuesta requiere ser expuesta y validada entre los diferentes actores (públicos y privados) para que su operatividad fluya; de igual forma es necesario continuar con el acompañamiento técnico para implementar las mejoras propuestas tanto en la metodología como en mejoras técnicas a plataformas automatizadas que faciliten el almacenamiento y consolidación de información.

Es importante mencionar que para garantizar la sostenibilidad del plan de acción, debe existir una entidad líder comprometida con el seguimiento y facilitación de espacios de coordinación en conjunto con CEPAL, que debería ser el Instituto de Promoción de Exportaciones e Inversiones PRO ECUADOR. Es fundamental para este propósito, que esta institución cuente principalmente con la información de las exportadoras (del SENAE), las ventas de las empresas exportadoras (del SRI) y el empleo que generan (del IESS).

6.2. OBJETIVO

El plan de acción tiene por finalidad establecer las actividades y gestiones necesarias para adoptar de forma permanente una metodología de segmentación de las empresas exportadoras por tamaño y otras variables; así como plazos y actores involucrados que deben estar comprometidos con las mejoras sustanciales que se pretenden.

6.3. ACTORES

Como se detalla en puntos anteriores, existen algunas instituciones públicas que cuentan con información sobre las empresas en el Ecuador y su actividad exportadora, así como datos de ventas locales, empleo generado, situación financiera, entre otros. Sin embargo, las estadísticas e información son presentadas en diferentes formatos o a través de distintos sistemas, lo que dificulta su cruce y consolidación.

Los actores claves que deben participar y comprometerse con la ejecución de este plan de acción son:

Actores Ecuador

SENAE	PRO ECUAD	SRI	IESS	SUPER CIAS
MIPRO	Exporta Fácil	IEPS	BCE	MCE

✓ **Instituto de Promoción de Exportaciones e Inversiones (PRO ECUADOR).-** Agencia oficial para la promoción de la oferta exportable de bienes y servicios en el Ecuador con enfoque en la triple diversificación (productos, actores y mercados). Disponen de un sistema (CRM) que consolida información de Aduana y SRI por número de RUC para la segmentación de sus usuarios y asignación de servicios a los que deberían acceder según su experiencia exportadora y tamaño. Dentro del proyecto ha sido la principal contraparte de CEPAL.

✓ **Servicio Nacional de Aduana (SENAE).-** Servicio Nacional de Aduanas. Fuente principal y oficial de exportaciones e importaciones en el país (volúmenes y FOB)

✓ **Servicio de Rentas Internas (SRI).-** -Servicio de Rentas Internas. Fuente de información de ventas totales de las empresas y personas naturales, zona geográfica.

✓ **Instituto Ecuatoriano de Seguridad Social (IESS).**- - Instituto Ecuatoriano de Seguridad Social. Fuente de información de empleo/afiliaciones.

✓ **Ministerio de Comercio Exterior.**- Ministerio de Comercio Exterior; rector de las políticas de impulso a las exportaciones en el país. Se encuentran desarrollando una plataforma de consumo gubernamental, con información integrada de comercio exterior.

✓ **Superintendencia de Compañías.**- Organismo técnico que vigila y controla la organización, actividades, funcionamiento, disolución y liquidación de las compañías y otras entidades en las circunstancias y condiciones establecidas por la Ley. Cuentan con un portal de información sobre el sector empresarial en el país.
http://www.supercias.gob.ec/portalinformacion/portal/index.php

✓ **Banco Central.**- genera estudios y reportes macroeconómicos, financiero y estadística del sector externo del país para la toma de decisiones financieras y económicas. http://www.bce.fin.ec/index.php/sector-externo

✓ **Ministerio de Industrias y Productividad.**- responsable de promover el desarrollo del sector productivo industrial y artesanal. Actualmente se encuentran implementando el Registro Único de Mipymes (RUM) y el Registro Único Artesanal (RUA), sin embargo estos registros excluyen sectores tradicionales como el agrícola, está únicamente enfocado en actividades artesanales y de transformación productiva.

✓ **Exporta Fácil.**- Programa de Gobierno ejecutado por Correos del Ecuador, para envíos de exportaciones por Courier, de forma simplificada y económica, especialmente enfocada a MIPYMES y artesanos. Actualmente las exportaciones las pueden realizar cualquier persona o empresa con RUC, sin embargo la declaración aduanera que debe estar registrada en los datos de SENAE no se encuentran por problemas en los sistemas de conexión. Se estima que del 2011 al 2013 se han exportado $2'430,923.87 por parte de más de 200 usuarios.[15]

✓ **Instituto Ecuatoriano de Economía Popular y Solidaria.**- cuenta con programas de fomento productivo y asociatividad; realizan un registro formal de actores de la economía popular y solidaria que les permite acceder a programas de fortalecimiento y financiamiento.

La economía popular y solidaria es la forma de organización económica, donde sus integrantes individual o colectivamente, organizan y desarrollan procesos de producción, intercambio, comercialización, financiamiento y consumo de bienes y servicios, para satisfacer necesidades y generar ingresos, basadas en relaciones de solidaridad, cooperación y reciprocidad, privilegiando al trabajo y al ser humano como sujeto y fin de su actividad, orientada al buen vivir, en armonía con la naturaleza, por sobre la apropiación, el lucro y la

---

[15]Fuente: MIPRO. Presentación Congreso MICSUR-Argentina 2014

acumulación del capital [16] (Super Intendencia de Economía Popular y Solidaria, 2011).

Considerando esta definición, las MIPYMES también pueden ser actores de la economía popular y solidaria, por lo que esta caracterización es importante para futuros registros y medición, de manera que las Instituciones que trabajan con estos actores, puedan implementar políticas para su promoción.

6.4. PROCESO DE GESTION DEL PLAN DE ACCION

El plan de acción considera 5 etapas: estandarización de variables, intercambio de bases de datos, consolidación y procesamiento, socialización de resultados y establecimiento de políticas.

Se propone iniciar desde el mes de Septiembre del 2014 hasta Diciembre del 2015, para contar con una caracterización más precisa que la presentada en este primer componente que refleje resultados de al menos los periodos 2008-2014.

---

[16]Ley orgánica de economía popular y solidaria – Ecuador (Art. 1 LOEPS)

Gráfico No.16 Proceso Propuesto para la Gestión del Plan de Acción

Elaboración: Propia

Estandarización

En esta etapa las acciones necesarias a desarrollar son:

o Verificación de digitación de RUC en las bases de datos (depuración)
o Revisión de partidas arancelarias (sector y subsectores)
o Definir criterio de clasificación de una MIPYME
o Se propone considerar el monto de ventas.
o Identificar las variables que actualmente no se están midiendo.

- o Empleo generado (hombre y mujer)
- o Nivel de salarios
- o Localización de la empresa (provincia y ciudad)
- o Exportaciones por producto, mercado, tamaño. Series mensuales y anuales.
- o Actividad de la empresa
- o Ventas locales de empresas exportadoras vs sus ventas en el mercado internacional
- o Nacionalidad de empresas exportadoras
- o Inclusión de cifras de Exporta Fácil en la base de aduanas

Intercambio

Es necesario contar con el compromiso de las instituciones en el intercambio de la información y bases de datos existentes, no se evidencian mayores dificultades o restricciones por confidencialidad de los datos.

- o Analizar la pertinencia de una firma de un acta de compromiso o un oficio formal, sobre la participación de cada entidad en el plan de acción consensuado (incluyendo fechas). Definir entidad que lidera la coordinación interinstitucional y consolida la información. Por las competencias y perfil, se analiza que los principales actores deben ser SENAE, PROECUADOR (MCE).
- o Establecer el mecanismo para solicitar y entregar información: a través de carta, correo electrónico; determinar tiempos para la entrega.
- o Entrega de información y bases de datos (Excel)

Consolidación y procesamiento

Se sugiere aprovechar las plataformas con las que cuentan algunas instituciones como SENAE y PROECUADOR, para consolidar la información y generar reportes automatizados. Para este fin será necesario tener claramente definidas las variables y los supuestos.

Si resulta complejo utilizar una plataforma existente, el procesamiento se puede realizar en Excel. Dado que las entidades no siempre podrán estar disponibles en tiempo y personal humano, es recomendable que en una primera etapa cuenten con el acompañamiento de un consultor especializado (el costo debe analizarse) y que asegure el traspaso de conocimientos y metodología. Este ejercicio sería necesario solo una vez más (cuando se cuente con toda la información y se hayan estandarizado variables), posteriormente la Institución competente deberá liderar el procesamiento y análisis de la información.

En el mediano y largo plazo se podría aprovechar la plataforma a ser diseñada por el Ministerio de Comercio Exterior, para que sea la que consolide la información de las diferentes instituciones y que sirva de base para el análisis y toma de decisiones.

Socialización

Retroalimentar los resultados a las instituciones participantes.

Políticas

En base a los resultados que se exponen, las entidades estarían en la capacidad de generar o integrar, programas para el fortalecimiento de las capacidades de exportación de las MIPYMES, con enfoque territorial, inclusive. De igual manera se evidenciará la necesidad de nuevas variables o requerimientos que deben ser incorporados en los sistemas de levantamiento de información de cada una de las instituciones.

6.5. HOJA DE RUTA

**Cuadro No.8 Cuadro de Hoja de Ruta Institucional
Propuesto para la implementación del Plan de Acción**

ACTIVIDAD	FECHA	ACTORES	RESPONSABLE
Aceptación del plan de acción	Septiembre 2014	Instituciones públicas participantes	PROECUADOR
Conformación de equipo líder interinstitucional	Septiembre 2014	Instituciones públicas participantes	CEPAL
Definición de requerimientos	Septiembre 2014	Instituciones públicas participantes CEPAL	Equipo interinstitucional CEPAL
Preparación de base de RUC depurada previo solicitud de bases de datos	Octubre – Diciembre 2014	Instituciones públicas participantes	Por definir Equipo Interinstitucional
Solicitud de bases	Enero 2015	Equipo Interinstitucio	PROECUADOR

		nal	
Entrega de bases	Marzo 2015	Instituciones públicas participantes	Equipo Interinstitucio nal
Consolidación y procesamiento (preferencialme nte en plataforma informática)	Abril 2015	Equipo Interinstitucio nal CEPAL	Equipo Interinstitucio nal
Convocatoria a taller de socialización	Mayo 2015	Instituciones públicas participantes	Equipo Interinstitucio nal CEPAL
Presentación de resultados	Mayo 2015	Instituciones públicas participantes	Equipo Interinstitucio nal CEPAL
Evaluación	Junio 2015	Instituciones públicas participantes	Equipo Interinstitucio nal CEPAL
Sistematización de la	Julio- Septiemb	Instituciones públicas	PRO ECUADOR

experiencia	re 2015	participantes	CEPAL
Monitoreo de mejoras implementadas	Noviembre-Diciembre 2015	Equipo Interinstitucional	Equipo Interinstitucional CEPAL

Elaboración: Propia

7. CONCLUSIONES

El presente estudio fue elaborado a partir de información primaria obtenida principalmente de la base de datos de la Súper Intendencia de Compañías y de SENAE, con el objetivo de analizar el comportamiento de las exportaciones, la distribución de las exportaciones entre las grandes empresas y las MIPYMES, además de las plazas de trabajo generadas por las mismas. Para un mayor análisis de este comportamiento, se ha analizado la evolución del número de empresas en el Ecuador y del monto promedio exportado, el volumen promedio exportado, el empleo generado, la evolución del GINI empresas, el percentil, entre otros indicadores.

De acuerdo a los datos facilitados por la Súper Intendencia de Compañías, se encuentran registradas 60,843 empresas en el país hasta el 2013, siendo el 65% de éstas, MIPYMES. El valor exportado por empresa desde el 2008 al 2013 aumentó de 19MM a 23 MM, mientras que las exportaciones FOB de las MIPYMES para el período en estudio iniciaron con 3MM y disminuyeron a 1MM. En cuanto al empleo generado por la actividad exportadora en el país, ha alcanzado 300,000 plazas en promedio, de las cuales 40,000 corresponden al segmento de MIPYMES exportadoras.

Con respecto a la administración de bases de datos, es importante destacar que al no contar con información completa de Instituciones Públicas como el Servicio de Rentas Internas y el Instituto Ecuatoriano de Seguridad Social, dado el proceso de integración y actualización de sus plataformas virtuales, se recomienda realizar un nuevo acercamiento con las Instituciones públicas anteriormente mencionadas, para actualizar y validar la información presentada.

Entre los principales obstáculos que se pudo identificar, es la falta de un "anillo interinstitucional" que permita la integración de información de las bases de datos que maneja la Administración pública, de tal manera que el análisis de sus datos posibilite la toma de decisiones, claves para la generación de políticas públicas de impulso a las MIPYMES exportadoras.

Con estos antecedentes se sugiere la aplicación del plan de acción cuyo objetivo es la adaptación de una metodología de segmentación de las empresas exportadoras para la estandarización de variables, intercambio de bases de datos de las diferentes Instituciones, consolidación y procesamiento de información para posterior socialización de información a las entidades participantes y generación de políticas que permitan la creación de programas para el fortalecimiento de las capacidades exportadoras de las MIPYMES.

Otras variables que se deben considerar para el plan de acción o futuros ejercicios de análisis según el objetivo y consumidor final de la información son: empleo hombre y mujer variable género, nivel de salarios, localización (provincia, ciudad) e indicadores financieros.

Se propone para la elaboración de posteriores estudios y en aras de aportar de mejor forma al cumplimiento del objetivo de los países latinoamericanos de internacionalizar a las mipymes, generar estudios para el análisis y desarrollo de la categorización del sector Mipymes, así como de sus diferentes realidades que deben afrontar para su desarrollo y fortalecimiento; formular políticas que den incentivos reales de acuerdo a su categoría – micro, pequeñas, medianas - para así potencializar el progreso de estos pequeños exportadoras.

8. BIBLIOGRAFÍA CONSULTADA

Comisión Económica para América Latina y el Caribe (CEPAL 2011). Políticas de apoyo a micro y pequeñas empresas.

Carlo Ferraro (2011), Apoyando a las pymes: Políticas de fomento en América Latina y el Caribe. Comisión Económica para América Latina y el Caribe (CEPAL).

CEPAL/OEA/BID (Comisión Económica para América Latina y el Caribe/Organización de los Estados Americanos/Banco Interamericano de Desarrollo) (2011), *Experiencias exitosas en innovación, inserción internacional e inclusión social: Una mirada desde las pymes*.

PRO ECUADOR (2012). *Estudio sobre el Dinamismo Exportador en las MIPYMES ecuatorianas.*

[i] El censo nacional económico del Ecuador 2010 reconoce empresas: personas naturales obligadas a llevar contabilidad, personas naturales no obligadas a llevar contabilidad, sociedades sin fines de lucro, sociedades con fines de lucro, empresas públicas, institución pública, economía popular y solidaria.

[ii] Customer Relationship Management CRM, por sus siglas en inglés, sistema informatizado de administración de relacionamiento con los usuarios externos e internos de la institución

[iii] Microsoft SQL Server Services Integration Herramienta ETL Propietaria, es una plataforma para la creación de soluciones de integración de datos y transformación de fuentes de orígen; con Integration Services puede extraer y transformar datos de muchos fuentes de orígenes distintos posteriormente cargarlos en uno o varios destinos.

www.ingramcontent.com/pod-product-compliance
Lightning Source LLC
Chambersburg PA
CBHW030703190526
45164CB00004B/350